30 DÍAS PARA SUPERAR LOS COMPORTAMIENTOS ADICTIVOS

Libros de Tony Evans
publicados por Portavoz:

30 días hacia la victoria a través del perdón
30 días para derribar fortalezas emocionales
30 días para superar los comportamientos adictivos
Alcanza la victoria financiera
¡Basta ya de excusas!
¡Cuidado con esa boca!
Discípulos del reino
Entre la espada y la pared
El matrimonio sí importa
Nunca es demasiado tarde
La oración del reino
Oraciones para la victoria en la guerra espiritual
Oraciones para la victoria en tu matrimonio
El poder de la cruz
El poder de los nombres de Dios
El poder de los nombres de Dios en la oración
Solo para esposas
Solo para esposos
Sexo... una relación diseñada por Dios
Tu destino
Victoria en la guerra espiritual

30 DÍAS PARA SUPERAR LOS COMPORTAMIENTOS ADICTIVOS

TONY EVANS

EDITORIAL PORTAVOZ

La misión de *Editorial Portavoz* consiste en proporcionar productos de calidad —con integridad y excelencia—, desde una perspectiva bíblica y confiable, que animen a las personas a conocer y servir a Jesucristo.

Título del original: *30 days to overcoming addictive behavior,* © 2017 por Tony Evans y publicado por Harvest House Publishers, Eugene, Oregon 97402. Traducido con permiso.

Edición en castellano: *30 días para superar los comportamientos adictivos,* © 2018 por Editorial Portavoz, filial de Kregel Inc., Grand Rapids, Michigan 49505. Todos los derechos reservados.

Traducción: Rosa Pugliese

EDITORIAL PORTAVOZ
2450 Oak Industrial Drive NE
Grand Rapids, Michigan 49505 USA
Visítenos en: www.portavoz.com

ISBN 978-0-8254-5796-8 (rústica)
ISBN 978-0-8254-6711-0 (Kindle)
ISBN 978-0-8254-7531-3 (epub)

1 2 3 4 5 edición / año 27 26 25 24 23 22 21 20 19 18

Impreso en los Estados Unidos de América
Printed in the United States of America

Contenido

Área 4: La autoestima

Área 5: La esperanza

Área 6: La envidia

Área 7: El contentamiento

Área 8: La fe

Introducción

Superar una adicción resistente no suele ser un proceso que se pueda realizar en solo 30 días. Por lo general, es un proceso más largo que tenemos que atravesar hasta lograr la sanidad, y puede haber algunos tropiezos en el camino. Sin embargo, nuestra mayor esperanza y fuerza para la batalla contra nuestras adicciones vienen de Aquel que está a nuestro lado en cada paso del camino. Jesús promete que nunca nos dejará ni nos abandonará. En cambio, nos hace esta promesa:

> Vengan a mí todos ustedes que están cansados y agobiados, y yo les daré descanso. Carguen con mi yugo y aprendan de mí, pues yo soy apacible y humilde de corazón, y encontrarán descanso para su alma (Mt. 11:28-29, NVI).

Este estudio de 30 días te proporcionará las herramientas que necesitas para avanzar por el camino correcto y permanecer en él. No puedo prometerte que será fácil, pero sé que puedes encontrar la libertad. Es posible que desees comenzar a leer este libro una y otra vez desde el principio para que las verdades poderosas que hemos visto se vuelvan más sólidas en tu mente y tu corazón. Y tal vez sea una buena idea buscar un compañero sabio para este viaje de sanidad: un consejero, un pastor o un amigo maduro. ¡No tienes que hacerlo solo!

Es mi oración que puedas experimentar la fortaleza y la sanidad de Dios para ayudarte a superar tus adicciones y encontrar la verdadera libertad.

EL CONTROL DE TU MENTE

Día 1

DEJA DE SER UN PRISIONERO

Un prisionero de guerra es una persona que ha sido capturada por el enemigo y que permanece como rehén en el contexto de un conflicto. Las fuerzas enemigas controlan las condiciones de vida, las actividades y los movimientos del prisionero.

Muchos cristianos viven así, pero en lugar de ser prisioneros de guerra, son prisioneros de comportamientos adictivos. Han sido capturados por el enemigo y no encuentran la forma de escapar. Se sienten atrapados en situaciones y circunstancias que el mundo etiqueta como adicciones. Las drogas, el sexo, la pornografía, el alcohol, las relaciones, los pensamientos negativos, el trabajo, la comida, los juegos de azar, el despilfarro de dinero... estas cosas pueden convertirse en mecanismos de defensa contra el dolor, las desilusiones y el hastío de la vida. Cuando una acción o actividad comienza a ejercer más dominio sobre ti del que tú ejerces sobre ella, puedes sentirte atrapado, como si no tuvieras escapatoria.

A veces comparo los comportamientos adictivos con las arenas movedizas. Cuanto más intentas salir de una situación, más te hundes. Los métodos y mecanismos humanos jamás podrán liberarte de una dependencia espiritual. Por el contrario, estos intentos te hundirán más rápido, como si estuvieras luchando por escapar de las arenas movedizas.

> **LOS MÉTODOS Y MECANISMOS HUMANOS JAMÁS PODRÁN LIBERARTE DE UNA DEPENDENCIA ESPIRITUAL.**

Por eso he decidido centrarme en ocho áreas críticas en las que debes cambiar tu modo de pensar para poder cambiar tu comportamiento. A menudo nos centramos en los comportamientos en lugar de tratar con los problemas de raíz que causan tales comportamientos, pero eso no sirve de mucho. Tal cual es el pensamiento del hombre o la mujer, así son ellos. Para ser libre de un comportamiento adictivo, necesitarás cambiar tu manera de pensar. Necesitarás una nueva manera de pensar de ti, de Dios, de los demás y de las cosas que haces. Comencemos juntos este mes con una palabra de oración:

Padre celestial, te presento hoy a mi hermano en Cristo y te ruego que tu poderoso Espíritu Santo use las palabras de este libro para revelar y cambiar todo pensamiento nocivo que provenga del enemigo. Como has dicho, tu Palabra es poderosa como una espada de dos filos. Te pido que escarbes hondo en sus creencias y pensamientos para desenterrar y arrancar toda mentira del enemigo. Te pido la cobertura constante de la sangre de Jesucristo y el poder de su resurrección durante este tiempo. Que tu Espíritu le conceda la gracia de discernir tu verdad de las mentiras que contribuyen a su comportamiento adictivo. Gracias, Señor. En el nombre de Jesús, amén.

Día 2

Somete tus pensamientos a Cristo

La estrategia número uno de Satanás para mantenerte prisionero de un comportamiento adictivo es meterse en tu mente. Le gusta sembrar pensamientos en tu mente y repetirlos una y otra vez hasta que comiences a creer que son tus propios pensamientos. Cuando Satanás le dijo a Eva que ella sería como Dios si comía el fruto, ¿de quién era ese pensamiento? ¿Era de Eva? No, sino del mismo Satanás. De hecho, él había tenido el mismo pensamiento antes, como leemos en Isaías 14:14: "Seré semejante al Altísimo". Era un pensamiento de Satanás, pero él lo sembró en la mente de Eva.

Si viste la película *Inception* [Origen], habrás visto esto mismo representado de manera espectacular. La película muestra pensamientos que se sembraban en la mente de alguien y cambiaban el curso de los acontecimientos para las generaciones venideras. Es una película brillante que nos ayuda a comprender la estrategia de Satanás para desviarnos del destino que Dios ha trazado para cada uno de nosotros.

Cuando piensas: *No puedo superar esta adicción*, ¿de quién es ese pensamiento? O cuando piensas: *Necesito beber*, ¿de quién es ese pensamiento? O cuando piensas algo como: *No soy nadie. No tengo valor. No tengo poder sobre mis emociones. Nadie me va a amar.* ¿Quién está hablando? Sabemos que esos pensamientos provienen de Satanás, porque son mentira, y él es el padre de la mentira (Jn. 8:44).

LA CLAVE PARA CONTROLAR UN COMPORTAMIENTO ADICTIVO ES SOMETER TUS PENSAMIENTOS A CRISTO.

Satanás ha estado trabajando con engaño durante mucho tiempo. Él sabe cómo sembrar sus pensamientos en tu mente de manera inteligente y hacer que creas que son verdad. Le hizo esto al rey David, como leemos en 1 Crónicas 21:1: "Pero Satanás se levantó contra Israel, e incitó a David a que hiciese censo de Israel". Satanás despertó en David la idea de contar al pueblo para ver exactamente cuán fuerte era la nación.

David decidió hacer un censo y pensó que era su propia idea. Sin embargo, hacer el censo fue un pecado porque eso demostró que David confiaba en la fortaleza humana en lugar de depender de Dios, y Dios juzgó a Israel por el pecado de David.

Vemos otro ejemplo de cómo Satanás siembra

pensamientos en la mente de alguien en Juan 13:2: "El diablo ya había puesto en el corazón de Judas" la idea de traicionar a Jesús. En Hechos 5:3 vemos que Satanás usó la misma estrategia con Ananías. Pedro le pregunta a Ananías: "¿Por qué llenó Satanás tu corazón para que mintieses al Espíritu Santo, y sustrajeses del precio de la heredad?". En este caso, Satanás había dado a Ananías y su esposa Safira la idea de vender una propiedad y donar parte del dinero a la iglesia, pero fingir que habían dado la cantidad completa. Este pensamiento les costó mucho más que dinero. Les costó la vida.

¿Cómo deberíamos responder a los pensamientos de Satanás? De la misma manera que lo hizo Jesús cuando Pedro trató de impedir que fuera a la cruz.

Pedro le dijo a Jesús: "Señor, ten compasión de ti; en ninguna manera esto te acontezca". A lo que Jesús respondió: "¡Quítate de delante de mí, Satanás!" (Mt. 16:22-23). Las palabras vinieron de Pedro, pero los pensamientos vinieron de Satanás. Cuando Satanás toma tu mente, toma tus acciones. La clave para controlar un comportamiento adictivo es someter tus pensamientos a Cristo.

Día 3

Rinde cuentas a alguien

Las personas que me conocen bien saben que me gusta estar ocupado. Siempre tengo algo que hacer, pero una cosa que rara vez me verán hacer es una reparación del hogar. Si algo funciona mal, generalmente llamo a un experto que lo repare. Aprendí por las malas que alguien que sabe lo que hace puede realizar el trabajo más rápido e incluso me costará menos que si yo fuera a una ferretería y tratara de averiguar cómo hacerlo por mí mismo.

Algunas reparaciones del hogar pueden ser complicadas. A principios de este año hubo un cortocircuito en nuestra casa y se quemaron algunos fusibles. No solo eso, sino que, cuando llamé al electricista, me dijo que el cableado de nuestra casa era tan viejo que ya no era seguro. Nuestra casa tiene cuatro décadas de antigüedad, por lo que este tipo de cosas tienden a romperse con más frecuencia.

Ahora bien, ¿puedes imaginarte qué habría pasado si yo hubiera tratado de restaurar la electricidad de mi casa? Tal vez me habría electrocutado en cuestión de minutos. Y, no solo eso, sino que ni siquiera hubiera podido resolver el problema.

Algunos problemas son demasiado complejos y requieren mucha más experiencia de lo que tienes para solucionarlos por ti mismo.

Entre los cristianos tenemos muchos creyentes que creen que pueden hacer las cosas por sí mismos. Demasiadas personas piensan que, independientemente de la causa de su adicción, pueden ponerse de pie por su propio impulso y solucionar su problema. En realidad, las adicciones casi siempre están enraizadas en lo profundo de nuestro ser a un nivel que ni siquiera podemos identificar por nosotros mismos. Por eso el asesoramiento profesional es muy importante para ayudarnos a identificar y tratar con las causas de las adicciones.

> **Cuando tratas de superar una adicción, debes tener en cuenta que, separado de Jesucristo, no puedes hacer nada**

Del mismo modo, las adicciones a menudo están tan enraizadas en nuestro subconsciente que la sola fuerza de voluntad no es suficiente para evitar que actuemos cuando nos encontramos emocionalmente vulnerables. Por ello, la obligación de rendir cuentas a alguien que esté al lado de aquellos en recuperación es tan fundamental para superar las adicciones.

No solo eso, sino que, cuando tratas de superar una adicción, debes tener en cuenta que, separado de Jesucristo, no puedes hacer nada (Jn. 15:5). Puedes tener la jerga espiritual correcta, pero con la jerga sola no llegarás lejos. La principal táctica de Satanás en el huerto del Edén fue disuadir a Adán y Eva de su dependencia de Dios. Le dijo a Eva que, si ella comía el fruto, podría llegar a ser como Dios (Gn. 3:5). Satanás quería que la humanidad actuara independiente de Dios, y quiere lo mismo de ti.

Tu victoria en la superación de las adicciones debe incluir una entrega total a Dios: a su voluntad, su Palabra y su soberanía. Debe incluir una confianza total en que Él sabe lo que es mejor para ti y que tiene el control, incluso de las cosas que te han hecho daño en el pasado. Dios tiene un propósito con tu dolor, y solo Él puede conducirte a ese propósito.

Día 4

Reemplaza las mentiras por la verdad

Satanás quiere apoderarse de tu mente, pero no se conforma solo con eso. Su deseo es sembrar pensamientos en tu mente para que arraiguen y den fruto a través de tus acciones. Las Escrituras afirman que tal cual una persona *piensa*, así *es* ella (Pr. 23:7). Este pasaje es el fundamento para poder controlar todo comportamiento adictivo. Tu adicción no proviene del vicio o de la adicción en sí, sino de tus pensamientos. Tu adicción está arraigada en tu mente.

Una vez que Satanás siembra pensamientos en tu mente, estos se transfieren biológica y fisiológicamente a tus emociones. Sigue conmigo mientras vemos un poco de ciencia, porque es importante que comprendas lo que sucede dentro de ti. Tu *sistema límbico* es el encargado de transferir esos pensamientos a lo que se llaman *ligandos*. De acuerdo al pensamiento específico, estos ligandos desencadenan una reacción de emociones en cadena similar a la que has experimentado en el pasado.

Los ligandos están formados por *péptidos*, *hormonas* y otras moléculas mensajeras. Una vez que estos ligandos se liberan, circulan a través de tu cuerpo hacia sus receptores diana. Este proceso ocurre casi de manera instantánea, por eso puedes tener una respuesta emocional casi automática a un pensamiento. Una vez que los ligandos alcanzan sus receptores, se produce una vibración entre ambos, que permite a las células de esa parte de tu cuerpo abrir sus paredes y recibir el mensaje. Esto produce un cambio dentro de la misma célula, lo que hace que produzca nuevas proteínas, se divida o haga cualquier otra cosa, según cada célula en particular.

> **DOMINA TUS PENSAMIENTOS Y DOMINARÁS TUS EMOCIONES, Y FINALMENTE DOMINARÁS CUALQUIER ADICCIÓN QUE TE TENGA ESCLAVIZADO EN ESTE MOMENTO.**

El proceso de pensamientos que desencadenan emociones puede causar cambios fisiológicos, como enfermedades psicosomáticas o incluso sanidad cuando se administra un placebo (un sustituto no medicinal). Afecta tu estado de ánimo y tus acciones a medida que tu cuerpo responde a la emoción. ¿Alguna vez has notado cómo reacciona todo tu cuerpo cuando un automóvil está a punto de chocar contra ti? ¿O cuando sientes algo peligroso que se acerca a ti? ¿Y has notado cómo tu cuerpo se relaja naturalmente cuando evitas el peligro? Este es solo un simple ejemplo de la forma en que tu cuerpo responde a las emociones.

El diablo quiere capturar tus pensamientos, porque son los que desencadenan tus emociones, las que a su vez influyen en tus decisiones. Las adicciones se prolongan debido a las emociones. El alcoholismo, el abuso de drogas, las compras compulsivas, las vacaciones desmedidas o el trabajo excesivo son la reacción a una emoción que ha afectado los deseos y las necesidades de tu cuerpo. Comprender el efecto fisiológico de tus pensamientos sobre tus emociones y, finalmente, sobre tu cuerpo te ayuda a concentrarte en el punto preciso de la batalla por tu libertad. Exactamente, en tus pensamientos. Domina tus pensamientos y dominarás tus emociones, y finalmente dominarás cualquier adicción que te tenga esclavizado en este momento.

Por eso no puedes esperar que alguien haga cambios duraderos solo porque le dices que se calme o que deje de beber, flagelarse, maldecir, gastar compulsivamente o hacer lo que sea que esté haciendo. No se puede hablar con alguien de una adicción y explicarle solo los efectos negativos de lo que se está haciendo a sí mismo y lo que les está causando a quienes lo rodean. Debes hablar de sus pensamientos y llegar a la raíz de las mentiras que están causando las emociones que lo llevan a enmascarar su dolor a través de la adicción.

Lo mismo sucede contigo: necesitas tratar con tus pensamientos y descubrir las mentiras que debes desarraigar y reemplazar por la verdad para poder terminar con tu comportamiento adictivo.

Día 5

IDENTIFICA LA RAÍZ DEL PROBLEMA

Es hora de hablarte de mi experiencia personal. Muchas veces aprendemos de las lecciones de los demás, pero quiero que veamos esto para que tengas una mejor idea del efecto que tienen nuestros pensamientos sobre nuestro cuerpo.

Cualquiera que me conozca bien diría que soy un adicto al trabajo. Me encanta trabajar. Si no estoy trabajando, por lo general, estoy leyendo libros sobre la Biblia, teología y filosofía, subrayando conceptos importantes y escribiendo apuntes personales. Tengo miles de apuntes (escritos a mano al estilo antiguo) dentro de mis libros y en blocs de notas. Si entras a mi oficina, es probable que veas una pila de cientos de apuntes desparramados, quizás porque los he estado consultando mientras preparaba un sermón o algo sobre lo que estoy escribiendo.

Me encanta trabajar. Y el trabajo es algo bueno. Trae el bien a quienes reciben de él, y me da un profundo sentido de satisfacción. Sin embargo, hace algún tiempo, comencé a notar un patrón sigiloso con respecto a mi horario de trabajo y mis vacaciones.

Superar las adicciones comienza con la identificación de la raíz del problema y el debido tratamiento en tu mente.

Durante aproximadamente cinco años seguidos, cada vez que me iba de vacaciones o tomaba un receso de Navidad y Año Nuevo, me enfermaba físicamente. La enfermedad no siempre era la misma, pero el patrón de la enfermedad en general aparecía casi como un reloj. Una vez me salió un absceso en un diente. Otras veces me sobrevino gripe o una tos persistente. Otra vez me dio gota y tuve que salir del aeropuerto en una silla de ruedas mientras regresábamos a casa. Otra vez sufrí de cálculos renales y me tuvieron que hospitalizar. Ya fuera grave o leve, algo me pasaba cuando me tomaba un descanso laboral.

Por otro lado, casi nunca me enfermo cuando trabajo. De hecho, en casi cuatro décadas de predicación dominical solo he faltado un domingo por enfermedad. Esto me hizo detenerme a pensar que algo estaba pasando, y necesitaba tratar con eso. Mientras examinaba mis pensamientos, me di cuenta de algunas cosas importantes sobre mi visión del trabajo y el descanso. Algunos de esos pensamientos eran buenos y otros no. Al final pude identificar estos pensamientos y corregir los que no eran tan buenos, y casi de inmediato noté una mejora en mi capacidad de tomar un descanso.

Hace bastante tiempo que no me enfermo durante mis vacaciones o recesos por días festivos, porque traté con la raíz del problema y no solo el síntoma. Superar las adicciones —trabajo, aprobación, drogas, alcohol, etcétera— comienza con la identificación de la raíz del problema y el debido tratamiento en tu mente. Las adicciones dejan su huella en tu vida a través de relaciones rotas y dolencias físicas; por eso es hora de ser libre de los síntomas del pensamiento equivocado y comenzar el camino hacia la plenitud y la victoria.

Día 6

Derriba las fortalezas de tu mente

Mencioné anteriormente que tener un consejero y alguien a quien rendir cuentas puede ser muy valioso y ayudarte a controlar tu comportamiento adictivo. Sin embargo, también quiero señalar que no puedes vencer tu adicción solo con el apoyo de ellos. Están contigo para ayudarte a procesar tus pensamientos a fin de descubrir la raíz de tu problema y evitar que actúes de manera impulsiva cuando te encuentres emocionalmente vulnerable. No obstante, el remedio para controlar tu comportamiento adictivo finalmente se halla en ti y Dios.

Esto se debe a que solo tú puedes controlar tus pensamientos. Solo tú tienes el poder de seguir cambiando tu manera de pensar. Cuando confías demasiado en otra persona en el proceso de superar una adicción, puedes volverte adicto a esa relación. Esto es lo que llamamos codependencia: tus emociones y pensamientos ahora dependen de otra persona. En ese sentido, solo estás cambiando una adicción por otra. La responsabilidad final de la victoria en la superación de tu comportamiento adictivo recae sobre ti, no sobre tu consejero o tu amigo.

LA RESPONSABILIDAD FINAL DE LA VICTORIA EN LA SUPERACIÓN DE TU COMPORTAMIENTO ADICTIVO RECAE SOBRE TI.

Cuando se construían las fortalezas medievales, eran casi inexpugnables. Si has viajado al extranjero o las has visto en películas, sabes que sus enormes muros proporcionaban defensas intimidatorias contra los soldados enemigos. La misión de escalar el muro para derribar la fortaleza no era una tarea fácil. Ahora transfiere esta imagen de las fortalezas medievales a las fortalezas en tu mente. Estas son las fortalezas que Satanás trata de levantar en tu manera de pensar para hacer su trabajo sucio.

Dios dice que debemos derribar estas fortalezas (2 Co. 10:3-5), lo que por supuesto significa que Él no las construyó. Una fortaleza es un patrón de pensamientos destructivos y negativos que se ha desarrollado en nuestra mente a través de la repetición, experiencias traumáticas u otras circunstancias. Como dice un viejo proverbio:

> Siembra un pensamiento, cosecha una acción;
> siembra una acción, cosecha un hábito;
> siembra un hábito, cosecha carácter;
> siembra carácter, cosecha un destino.

Una vez que el enemigo construye una fortaleza, la usa para lanzar más ataques contra tu mente y repeler tus intentos de desalojarlo. Una razón por la que las fortalezas son tan poderosas es que están fuertemente arraigadas en tu mente.

Satanás levanta una fortaleza cuando te convence de que tu situación es irremediable, que por naturaleza eres un drogadicto o una persona alcohólica o negativa, que el temor o la vergüenza te controlan, que nada cambiará jamás y cosas por el estilo. Una vez que cedes y adoptas esta línea de pensamientos, el diablo construye una fortaleza y tu comportamiento se agravará porque siempre actuamos conforme a lo que creemos que somos.

Puedes saber cuándo alguien está bajo la influencia de una fortaleza, porque podría decir: "No puedo evitarlo", "Es más fuerte que yo", "Nací así" o "Solo soy una víctima". Cuando ves algo inalterable que Dios dice que se puede cambiar, es porque el enemigo ha construido una fortaleza en la mente. No tiene que ser algo tan drástico como la adicción a las drogas o el alcoholismo. Muchos de nosotros tenemos fortalezas de ira, celos o lujuria.

¿Qué podemos hacer con estas fortalezas?

La única solución es derribarlas y llevar "cautivo todo pensamiento a la obediencia a Cristo" (2 Co. 10:5). Esta es la forma de reprogramar tu mente.

Día 7

Haz tuyos los pensamientos de Cristo

¿Sabes que podemos ser libres (salvos) para la eternidad, pero no experimentar libertad en la tierra? Es verdad. Es decir que, cuando viniste a Cristo y recibiste el perdón de tus pecados, Dios te salvó completamente (te justificó) para la eternidad. Sin embargo, mientras aún vives en la tierra, te salva progresivamente (te santifica).

Esto se debe a que nuestra alma (la parte de nosotros que necesita santificación o justificación en nuestra vida diaria) es defectuosa desde nuestra creación debido al pecado heredado. Estas son malas noticias, y pueden ser aún peores. Nuestra alma sigue creciendo y desarrollándose de manera defectuosa debido a varios factores, incluidas nuestras experiencias, la información que recibimos, nuestras alegrías y nuestro dolor. El alma de cada persona está distorsionada, similar a una televisión que no obtiene una recepción clara. La imagen de Dios en nuestra alma es borrosa.

Uno de los mayores obstáculos que enfrentan las personas que intentan controlar su comportamiento adictivo es conformarse con, lo que yo denomino, el manejo del alma: depender de la modificación del comportamiento o de la propia fuerza de voluntad para mejorar el alma. Esto puede incluir hacer compromisos, asistir a seminarios, escuchar a especialistas en autoayuda una y otra vez; incluso asistir a la iglesia puede convertirse en una herramienta de manejo del alma. Todas estas cosas pueden ser útiles y agregar valor a tu vida, pero en realidad no pueden reparar tu alma distorsionada. Esto se debe a que el pecado ha desfigurado tu alma y ha convertido el problema en un asunto espiritual enraizado en el pecado. Sabemos por las Escrituras que la paga del pecado es la muerte (Ro. 6:23) y que el mismo pecado provoca la muerte (Stg. 1:15). Para vencer el efecto del pecado debes llevar tu alma a la cruz y decidir, como Pablo, estar "crucificado" juntamente con Cristo" (Gá. 2:20).

> CUANDO LOS PENSAMIENTOS DE CRISTO COMIENZAN A DOMINAR TU ALMA, EXPERIMENTAS LA VIDA NUEVA Y ABUNDANTE QUE ÉL COMPRÓ PARA TI AL MORIR EN LA CRUZ.

Todos hemos sido dañados en cierto grado. No eres el único en esta condición. Los psicólogos afirman que, en la actualidad, más de las tres cuartas partes de todas las familias se consideran disfuncionales. Sí, algunos han sido dañados más que otros. Tal vez puedas manejar tu alma mejor que tu vecino o tu compañero de trabajo. Quizás tengas más dominio propio o autodisciplina, pero podría deberse solo a que has tenido menos traumas o menos experiencias negativas que otros. Por lo tanto, realmente no es justo compararse con los demás. Ninguno de nosotros es perfecto; todos tenemos el alma distorsionada en mayor o menor medida.

Sin embargo, la solución para nuestras almas sigue siendo la misma. Cuando te identificas con Jesucristo y su muerte en la cruz, no solo aceptas mentalmente el poder de la cruz, sino que también te identificas con el sufrimiento, la mente, las palabras y los pensamientos de Cristo sobre un asunto. Sin esta identidad permanente en Jesucristo, eres esclavo de las artimañas de Satanás. Sin embargo, cuando los pensamientos de Cristo comienzan a dominar tu alma, experimentas la vida nueva y abundante que Él compró para ti al morir en la cruz.

Juan 15:7 dice: "Si permanecéis en mí, y mis palabras permanecen en vosotros, pedid todo lo que queréis, y os será hecho". Esto incluye controlar tu comportamiento adictivo. La clave de tu victoria está en este versículo; deja que las palabras de Cristo (sus pensamientos) permanezcan en ti.

Hay innumerables comportamientos adictivos, y los de una persona suelen ser diferentes a los de otra persona; pero hay un denominador común de fortalezas similares en la mayoría de ellas. Estas incluyen cosas como el temor, la insignificancia, la preocupación, la duda, la identidad personal y la baja autoestima. Tal vez no mencionemos tu propio comportamiento adictivo en las lecturas de los días siguientes, pero apuntaremos a la raíz de tales comportamientos y veremos cómo destruir las fortalezas comunes que desencadenan las adicciones.

En los días que nos restan juntos, te brindaré las herramientas que necesitas para ser libre de tus adicciones, pero, por supuesto, no puedo obligarte a usarlas. Espero que no solo leas las afirmaciones de cada día sobre las verdades bíblicas y las verdades personales, sino que también las escribas y las lleves contigo durante todo el día.

Nuestro cerebro responde a la repetición, de modo que al repasar y repetir estas verdades a lo largo del día, cada día, las estarás sembrando en tu mente para que puedan echar raíces. Al final habrás reemplazado las hierbas malas —las mentiras que Satanás ha sembrado— por pensamientos inspiradores. Pasaremos algunos días con cada tema para cubrirlo desde diferentes ángulos. Estas son las áreas que abordaremos: tu identidad, el temor, la preocupación, la baja autoestima, la esperanza, la envidia, el contentamiento y la fe.

Área 1

TU IDENTIDAD

Día 8

Eres una nueva criatura

Satanás tiene una variedad de trucos que usa para promover la autosuficiencia y la independencia de Dios. Es probable que uno de ellos sea su favorito, porque le resulta muy eficaz. Satanás quiere que vivas con un carácter desequilibrado y derrotado espiritualmente, por eso te crea confusión sobre tu *identidad*.

El diablo quiere que los pecadores piensen que son santos, y santos que piensen que son pecadores. Si puede confundirte sobre tu identidad —si no sabes quién eres—, no sabrás cómo actuar.

¿Cómo deberíamos responder al engaño de Satanás? Una buena manera de empezar es ser más consciente de sus estrategias para que podamos estar en guardia contra ellas. Sin embargo, más que eso, estoy convencido de que nunca seremos verdaderamente libres hasta que comprendamos quiénes somos en Cristo y empecemos a vivir en consecuencia. Necesitamos recuperar nuestra identidad.

El camino para controlar un comportamiento adictivo como creyente es el mismo que tomaste cuando te convertiste a Cristo: dependencia total de

Él. Jesús te dio la salvación en la cruz, y también te da la victoria cuando lo recibes a Él y sus palabras y le permites reemplazar las mentiras y distorsiones de tu alma por su verdad y su Espíritu. Mientras meditas en cada una de estas lecturas, pídele a Dios que te muestre tu verdadera identidad como creyente y que luego te dé poder para vivir esa identidad con la presencia del Espíritu Santo en tu vida.

Dios misericordioso, gracias por enraizar mi identidad de manera segura en la naturaleza y la perfección de Jesucristo. Gracias por perdonar mis faltas y mis pecados por medio de su sangre y su justicia. Haz que estas palabras penetren en lo profundo de mi ser, y que puedan hacer su obra en mí y desenterrar cualquier mentira, arrancarla y reemplazarla por tu verdad. En el nombre de Jesús, amén.

Verdades bíblicas

De modo que si alguno está en Cristo, nueva criatura es; las cosas viejas pasaron; he aquí todas son hechas nuevas (2 Co. 5:17).

Con Cristo estoy juntamente crucificado, y ya no vivo yo, mas vive Cristo en mí; y lo que ahora vivo en la carne, lo vivo en la fe del Hijo de Dios, el cual me amó y se entregó a sí mismo por mí (Gá. 2:20).

Yo soy la vid, vosotros los pámpanos; el que permanece en mí, y yo en él, éste lleva mucho fruto; porque separados de mí nada podéis hacer (Jn. 15:5).

Porque habéis muerto, y vuestra vida está escondida con Cristo en Dios (Col. 3:3).

Pues todos sois hijos de Dios por la fe en Cristo Jesús (Gá. 3:26).

Verdades personales

- Soy perfecto y justo, porque Cristo es perfecto y justo.
- Soy valioso y amado en Cristo.
- El Espíritu de Cristo en mí me da la capacidad de hacer cualquier cosa que Él desee que haga.
- Todo lo puedo en Cristo.
- Soy un hijo de Dios, un hijo del único Rey verdadero.
- No estoy aferrado a mi antigua manera de pensar. Suelto esos pensamientos y los reemplazo por la verdad.
- Mi vida está en Cristo, y es una buena vida.

Día 9

Eres hijo del Rey

Si le preguntaras a la gente: "¿Quién es Angelina Jolie?", la mayoría diría que es una gran actriz y humanitaria. Sin embargo, ¿constituye eso realmente quién es ella? La actuación y el trabajo humanitario no constituyen lo que Jolie *es*, sino solo lo que ella *hace*.

¿Comprendes lo que quiero señalar? Si toda la identidad de Angelina Jolie estuviera conformada por su carrera como actriz, ¿qué significaría cualquier otra cosa que ella hiciera, creyera o valorara? ¿Y si se jubilara? ¿Dejaría de existir el día que dejara de hacer películas? Por supuesto que no.

Por eso uno de los mayores errores que puedes cometer es definirte por lo que haces. Si tu identidad como persona está enraizada en tu desempeño, aunque te consideres exitoso en lo que haces, estarás confundido con respecto a quién eres. Este problema tiene un grave efecto espiritual, porque Satanás sabe que si puede evitar que conozcas tu verdadera identidad, puede hacerte rehén de un ideal o una imagen. Además, puede impedirte vivir a la luz de la totalidad de tu victoria espiritual, tus derechos y tu herencia, porque estarás más concentrado en tus logros que en ser quien eres en Cristo.

Tu identidad siempre está vinculada a tu nacimiento. Pedro escribió: "Bendito el Dios y Padre de nuestro Señor Jesucristo, que según su grande misericordia nos hizo renacer para una esperanza viva, por la resurrección de Jesucristo de los muertos". Luego agrega: "Siendo renacidos, no de simiente corruptible, sino de incorruptible, por la palabra de Dios que vive y permanece para siempre" (1 P. 1:3, 23).

Tu identidad ha sido determinada cuando naciste en la familia de Dios y Él te transfirió a su reino. Eres un representante del Rey, un portador de la imagen del único Dios verdadero. Ese eres tú. Y cada bendición espiritual que necesites está vinculada a esa identidad.

Dios misericordioso, recuérdame hoy, como solo tú sabes hacerlo, que mi identidad y autoestima no están vinculadas a lo que creo que soy, sino a lo que realmente soy en Cristo. Cuando mis pensamientos se conviertan en dudas, te pido que despiertes en mí la consciencia de que mi valor y mi importancia vienen de mi relación con tu perfecto Hijo, Jesucristo. Gracias. En su nombre, amén.

Verdades bíblicas

Vestíos del nuevo hombre, creado según Dios en la justicia y santidad de la verdad (Ef. 4:24).

Bendito sea el Dios y Padre de nuestro Señor Jesucristo, que nos bendijo con toda bendición espiritual en los lugares celestiales en Cristo (Ef. 1:3).

A quienes Dios quiso dar a conocer las riquezas de la gloria de este misterio entre los gentiles; que es Cristo en vosotros, la esperanza de gloria (Col. 1:27).

Ahora, pues, ninguna condenación hay para los que están en Cristo Jesús (Ro. 8:1).

Como el Padre me ha amado, así también yo os he amado; permaneced en mi amor (Jn. 15:9).

Verdades personales

- Soy un hijo del Rey.
- Tengo derecho a todas las bendiciones espirituales que Dios ha creado para mí en los lugares celestiales.
- Mi identidad está completamente formada y garantizada en Cristo.
- Cristo vive en mí, la esperanza de gloria.
- Dios me ha creado para buenas obras y para extender su reino en la tierra.
- Tengo todo lo que necesito para cumplir al máximo mi destino.
- Dios me ama porque soy suyo, y yo permanezco en su amor.

Día 10

Eres santo

Gálatas 2:20 es mi versículo preferido. Además contiene un principio clave para poder entender tu identidad espiritual. Este extraordinario versículo dice: "Con Cristo estoy juntamente crucificado, y ya no vivo yo, mas vive Cristo en mí; y lo que ahora vivo en la carne, lo vivo en la fe del Hijo de Dios, el cual me amó y se entregó a sí mismo por mí".

Según Pablo, tú estás muerto, pero lo interesante es que también estás vivo a través de Jesucristo, que vive en ti.

"Crucifixión" significa "muerte". Lo que sea que fueras antes de haber aceptado a Jesús, como tu Salvador, murió con Él en la cruz y fue sepultado juntamente con Él. No eres un pecador salvo por gracia; sino que *fuiste* un pecador salvo por gracia. Ahora eres santo.

Se denomina santos a los creyentes sesenta veces en el Nuevo Testamento. Podrías ser un santo adicto, un santo derrotado o un santo pecador en algún momento de tu vida, pero aun así eres santo. Eres "apartado" para Dios.

Ese nombre te da una gran esperanza para cambiar tus acciones. Una vez que entiendes que eres un santo, sabes que debes comenzar a actuar con esa mentalidad. No eres solo un pecador convertido y restaurado. Eres santo a los ojos de Dios.

Piensa en la diferencia entre una oruga y una mariposa.

¿Cuándo fue la última vez que escuchaste a alguien referirse a una mariposa como una oruga convertida? *Era* una oruga, pero adquirió un carácter completamente nuevo y un nombre nuevo.

Antes de conocer a Cristo, eras una oruga espiritual. Sin embargo, cuando aceptaste por fe a Jesucristo, te convertiste en una mariposa. Eres santo. Como santo tienes acceso a todo el poder que viene de Cristo para apropiarte de su victoria en tu vida y vivir de acuerdo con su plan para ti.

Dios misericordioso, gracias por hacerme nuevo en Cristo y por darme la oportunidad de vivir una vida de abundancia a través del poder de Jesús y su perfección. Quito mis pensamientos de mis errores y pecados y los pongo en tu Hijo, Jesús. Ayúdame a morir cada día a las dudas sobre mi identidad, Señor, y a vivir cada día en la pureza y el propósito que se hallan en mi Salvador Jesucristo, mi Señor. En su nombre, amén.

Verdades bíblicas

Vosotros estáis completos en él, que es la cabeza de todo principado y potestad (Col. 2:10).

En esto se mostró el amor de Dios para con nosotros,

en que Dios envió a su Hijo unigénito al mundo, para que vivamos por él (1 Jn. 4:9).

Todos los que habéis sido bautizados en Cristo, de Cristo estáis revestidos (Gá. 3:27).

Si, pues, habéis resucitado con Cristo, buscad las cosas de arriba, donde está Cristo sentado a la diestra de Dios (Col. 3:1).

Porque somos hechura suya, creados en Cristo Jesús para buenas obras, las cuales Dios preparó de antemano para que anduviésemos en ellas (Ef. 2:10).

Verdades personales

- Soy santo.
- Estoy bautizado en Cristo y revestido de Él.
- Estoy crucificado con Cristo, y vivo por Él.
- Soy una nueva criatura.
- Estoy completo.
- Soy perfecto.
- Soy victorioso.

Área 2

EL TEMOR

Día 11

Dios cuida de ti

¿Estás listo para aprender a derribar la fortaleza del temor que el enemigo ha construido en tu mente y tu corazón? Jesús te dice cómo. La manera de derribarlas es cambiar tus prioridades. Esto es exactamente de lo que Jesús estaba explicando en Mateo 6:33 cuando dijo: "Mas buscad primeramente el reino de Dios y su justicia, y todas estas cosas os serán añadidas".

En otras palabras, si vas a invertir tiempo y energía en participar de lo que Dios está haciendo para la extensión de su reino en la tierra, Él promete estar contigo en otras áreas de la vida que podrían causarte temor o ansiedad. Jesús enfatizó esto cuando dijo: "Así que, no os afanéis por el día de mañana, porque el día de mañana traerá su afán. Basta a cada día su propio mal" (v. 34).

Dios te concede su gracia de día en día. No te dará hoy la gracia para mañana, no la necesitas. ¿Por qué? Porque su Palabra declara: "Por la misericordia de Jehová no hemos sido consumidos, porque nunca decayeron sus misericordias. Nuevas son cada mañana; grande es tu fidelidad" (Lm. 3:22-23). Entonces, si tienes temor y estás preocupado por lo que puede suceder mañana, básicamente le estás transmitiendo a Dios que no confías en Él. Le estás diciendo que Él no es confiable. Estás encerrando tus propios pensamientos en un ciclo de dolor y temor, que prolongará tu comportamiento adictivo en lugar de ayudarte a controlarlo. Temer por el mañana es perder la paz y la victoria hoy. No vivas con temor.

Dios misericordioso, ayúdame a darme cuenta apenas el temor se filtre en mis pensamientos. Ayúdame a advertir estos pensamientos antes que se multipliquen y crezcan. Dame sabiduría para discernir lo que es racional y lo que no, y en todas las cosas dame la capacidad de confiar en que tú cuidas de mí. Quiero entregarte mis temores, por eso te ruego que me des la gracia de hacerlo hoy y cada día. En el nombre de Jesús, amén.

Verdades bíblicas

Porque no nos ha dado Dios espíritu de cobardía, sino de poder, de amor y de dominio propio (2 Ti. 1:7).

Echando toda vuestra ansiedad sobre él, porque él tiene cuidado de vosotros (1 P. 5:7).

En el amor no hay temor, sino que el perfecto amor echa fuera el temor; porque el temor lleva en sí castigo. De donde el que teme, no ha sido perfeccionado en el amor (1 Jn. 4:18).

No temas, porque yo estoy contigo; no desmayes, porque yo soy tu Dios que te esfuerzo; siempre te ayudaré, siempre te sustentaré con la diestra de mi justicia (Is. 41:10).

El que habita al abrigo del Altísimo morará bajo la sombra del Omnipotente (Sal. 91:1).

Verdades personales

- Estoy seguro, porque Dios cuida de mí.
- No estoy solo.
- Dios me fortalece y me ayuda.
- Dios, que es perfecto, me ama, y su perfecto amor echa fuera todo temor.
- Dios me ha dado espíritu de poder.
- Soy valiente.
- Habito al abrigo del Altísimo.

Día 12

Ora a Dios por todo

¿Qué haces cuando el temor empieza a consumir tus pensamientos y no te deja en paz?

Las Escrituras dicen que el mejor antídoto contra el temor y la ansiedad es la oración. Para saber lo que implica la oración y lo que puede hacer por tus temores, lee Filipenses 4:6-7. El versículo 6 dice: "Por nada estéis afanosos, sino sean conocidas vuestras peticiones delante de Dios en toda oración y ruego, con acción de gracias".

Cuando te sobreviene el temor, empieza a contrarrestarlo con la verdad de Dios. Él dice que debes cambiar tu centro de atención, porque quienquiera o lo que sea que controle tu mente, te controla a ti. Dios no quiere que te concentres en tus pensamientos de temor y te dejes controlar por ellos. Más bien, Dios quiere que te concentres en Él y te dejes controlar por su Palabra y su Espíritu. Por eso la oración es tan importante. La fórmula aquí es simple. No tengas temor de nada, pero ora por todo.

Filipenses 4:6 usa la palabra oración en un sentido general y "ruego"; un término más específico que hace referencia a una petición para una necesidad específica. Básicamente, eso significa que debes orar por todo, ya sea que tu petición sea general o específica. Si tienes un temor persistente, pero no puedes determinar qué es, preséntalo al Señor en oración. Él sabe qué es. O si tienes un temor específico que puedes ver claramente en tu mente, entrégalo también al Señor. Pídele que te ayude a desechar tus temores y a reemplazarlos con su verdad, y luego agradécele por fe por hacer esa obra en ti.

Dios misericordioso, ¿no se venden dos pajarillos por una moneda? Y sin embargo, sabes todo lo que les sucede. También tienes contados los cabellos de mi cabeza. Ayúdame a tener valor en saber cuánto me conoces y me amas. Recuérdame hoy que no tengo que temer, porque, en definitiva, tienes el control de todas las cosas y has prometido no dejarme nunca ni desampararme. Gracias por tus promesas que me dan paz. En el nombre de Jesús, amén.

Verdades bíblicas

Estas cosas os he hablado para que en mí tengáis paz. En el mundo tendréis aflicción; pero confiad, yo he vencido al mundo (Jn. 16:33).

Pues no habéis recibido el espíritu de esclavitud para estar otra vez en temor, sino que habéis recibido el espíritu de adopción, por el cual clamamos: ¡Abba, Padre! (Ro. 8:15).

Amados, no creáis a todo espíritu, sino probad los espíritus si son de Dios; porque muchos falsos profetas han salido por el mundo (1 Jn. 4:1).

¿No se venden dos pajarillos por un cuarto? Con todo, ni uno de ellos cae a tierra sin vuestro Padre. Pues aun vuestros cabellos están todos contados. Así que, no temáis; más valéis vosotros que muchos pajarillos (Mt. 10:29-31).

Jehová es mi luz y mi salvación; ¿de quién temeré? Jehová es la fortaleza de mi vida; ¿de quién he de atemorizarme? (Sal. 27:1).

Verdades personales

- Tengo paz en Dios.
- No tengo nada que temer, porque el Señor es mi defensor.
- Soy valioso para Dios.
- Dios me conoce.
- Dios me ha adoptado y estoy seguro en sus amorosos brazos.
- Un Dios santo y poderoso cuida de mí.
- Tengo pleno acceso a Dios cada vez que oro, y sé que Él me escucha.

Día 13

Confía en Dios

¿Alguna vez has viajado en avión en medio de una severa turbulencia? Tal vez el avión estuvo fuera de control por un tiempo, y te hayas puesto un poco nervioso. Si tenías el cinturón de seguridad abrochado, es posible que te lo hayas apretado. Quizás te hayas agarrado un poco más fuerte del reposabrazos. Puede que te hayas sentido un poco inestable por haber estado momentáneamente suspendido en el aire. Quizás hayas estado leyendo el mismo renglón de tu libro una y otra vez a causa de la turbulencia desestabilizadora.

Entonces, probablemente el capitán hizo un anuncio: "Debido a que nos hemos topado con algunas turbulencias, ajustaremos nuestra altitud para tratar de encontrar una atmósfera más despejada". Ahora bien, tu problema no desapareció. La turbulencia seguía estando allí, pero seguramente respiraste hondo, te relajaste, reanudaste tu lectura y te sentiste mucho más tranquilo, porque dejaste de pensar en la turbulencia y te concentraste en el anuncio del piloto.

Si quitas tus pensamientos de lo que temes y los pones en Dios —Aquel que pilota nuestras vidas con seguridad— sentirás que tus temores disminuyen.

Dios misericordioso, cuando tengo temor, quisiera confiar en ti. Te ruego que me des todo lo que necesito —los pensamientos, la verdad y el aliento— para hacerlo. No eres un Dios de confusión, sino de paz. Cuando no experimento tu paz, me alejo de tu presencia. Ayúdame a permanecer en ti, que tus palabras permanezcan en mí y que pueda experimentar tu completa paz. En el nombre de Jesús, amén.

Verdades bíblicas

Aunque un ejército acampe contra mí, no temerá mi corazón; aunque contra mí se levante guerra, yo estaré confiado (Sal. 27:3).

En el día que temo, yo en ti confío. En Dios alabaré su palabra; en Dios he confiado; no temeré; ¿qué puede hacerme el hombre? (Sal. 56:3-4).

Dios no es Dios de confusión, sino de paz (1 Co. 14:33).

Pero en seguida Jesús les habló, diciendo: ¡Tened ánimo; yo soy, no temáis! (Mt. 14:27).

Mira que te mando que te esfuerces y seas valiente; no temas ni desmayes, porque Jehová tu Dios estará contigo en dondequiera que vayas (Jos. 1:9).

Verdades personales

- Soy fuerte y valiente.
- Tengo valor.

- Mi Dios poderoso me ama.
- Mi Dios no es un Dios de confusión, sino de paz.
- Tengo paz cuando pienso en el amor de Dios por mí.
- Mis temores no tienen control sobre mí.
- Confío en Dios, y lo alabo por su Palabra.

Área 3

LA PREOCUPACIÓN

Día 14

Dios suple tus necesidades

Había una vez un hombre que se preocupaba por la posibilidad de morir de cáncer debido a la prevalencia de esa enfermedad entre la sociedad. Se preocupó por eso durante treinta años y, como consecuencia, falleció de un ataque al corazón.

¿Deberías preocuparte por tu salud? Sí. ¿Deberías hacer todo lo posible para mantenerte saludable? Claro que sí; pero, después de hacer todo lo que esté a tu alcance, no te preocupes. Esto es lo que Dios enseña. La preocupación es una ofensa para Él.

Preocuparte es decirle a Dios que no crees que es suficientemente grande, confiable, amoroso o fuerte para suplir las necesidades de tu vida. Es cuestionar su soberanía, su carácter y su propósito.

Preocuparnos es una de las cosas más irrespetuosas que podemos hacerle a Dios, porque es dudar de su amor. Ten en cuenta que Él te amó tanto, que sacrificó a su único Hijo en una muerte humillante y dolorosa en la cruz para poder salvarte. Semejante nivel de amor no admite ningún cuestionamiento con nuestra preocupación.

Dios misericordioso, tú me has dicho que no me preocupe por nada, que más bien te pida lo que necesite con acción de gracias, y has prometido darme tu paz. Señor, te pido que intervengas cuando mis emociones se agiten tanto que me olvide de hacer esto. Recuérdame que no debo preocuparme y dame la fuerza que necesito para obedecerte en momentos de debilidad emocional. Gracias. En el nombre de Jesús, amén.

Verdades bíblicas

Por nada estéis afanosos, sino sean conocidas vuestras peticiones delante de Dios en toda oración y ruego, con acción de gracias. Y la paz de Dios, que sobrepasa todo entendimiento, guardará vuestros corazones y vuestros pensamientos en Cristo Jesús (Fil. 4:6-7).

Por tanto os digo: No os afanéis por vuestra vida, qué habéis de comer o qué habéis de beber; ni por vuestro cuerpo, qué habéis de vestir. ¿No es la vida más que el alimento, y el cuerpo más que el vestido? (Mt. 6:25).

La paz os dejo, mi paz os doy; yo no os la doy como el mundo la da. No se turbe vuestro corazón, ni tenga miedo (Jn. 14:27).

Así que, no os afanéis por el día de mañana, porque el día de mañana traerá su afán. Basta a cada día su propio mal (Mt. 6:34).

Mi Dios, pues, suplirá todo lo que os falta conforme a sus riquezas en gloria en Cristo Jesús (Fil. 4:19).

Verdades personales

- Dios me guarda.
- Mi Dios de amor suple mis necesidades.
- No estoy solo.
- Tengo la paz de Dios.
- Solo necesito concentrarme en el día de hoy.
- Estoy perfectamente relacionado con Dios a través de su Hijo Jesucristo.
- Dios me ha perdonado por completo y me ama.

Día 15

Descansa en Dios

Un hombre llegaba tarde para tomar su avión. Corría a toda prisa por el aeropuerto hasta la puerta de embarque cuando, de repente, un hombre vestido con un uniforme de piloto le dijo al hombre que estaba sin aliento:

—¿A dónde va con tanta prisa?

—Llego tarde a abordar mi avión y no quiero perder el vuelo —respondió el hombre.

Luego procedió a mencionar al uniformado el número de su vuelo.

—No necesita darse prisa, soy el piloto de ese avión —respondió el uniformado.

Si el piloto está tranquilo, tú también puedes estarlo. No te estreses innecesariamente por las cosas. Espera en Dios y confía en que si Él se toma las cosas con calma, tú también puedes hacerlo. No hay necesidad de preocuparte por lo que está fuera de tu control. Concéntrate solo en el día de hoy: Dios te ha dado todo lo que necesitas para esta etapa de tu vida. Confía y descansa en Él.

Dios misericordioso, quiero confiar en ti con todo mi corazón y no apoyarme en mi propia prudencia. Sé que si hago esto, te llevarás mis preocupaciones y me darás tu paz. Te pido que me llenes de esperanza y gozo, y me ayudes en mi incredulidad. En el nombre de Jesús, amén.

Verdades bíblicas

Por nada estéis afanosos, sino sean conocidas vuestras peticiones delante de Dios en toda oración y ruego, con acción de gracias (Fil. 4:6).

¿Qué, pues, diremos a esto? Si Dios es por nosotros, ¿quién contra nosotros? (Ro. 8:31).

Mas buscad primeramente el reino de Dios y su justicia, y todas estas cosas os serán añadidas (Mt. 6:33).

Fíate de Jehová de todo tu corazón, y no te apoyes en tu propia prudencia. Reconócelo en todos tus caminos, y él enderezará tus veredas (Pr. 3:5-6).

Y el Dios de esperanza os llene de todo gozo y paz en el creer, para que abundéis en esperanza por el poder del Espíritu Santo (Ro. 15:13).

Verdades personales

- Abundo en esperanza por el poder del Espíritu Santo.
- Confío en el Señor con todo mi corazón.
- Reconozco a Dios en todos mis caminos.
- Si Dios es por mí, ¿quién puede contra mí?
- Dios me llena de su gozo y su paz.
- Dios endereza mis veredas cuando confío en Él.
- Tengo todo lo que necesito en este día.

Día 16

Acude a Dios con tus preocupaciones

Si tienes hijos pequeños, seguramente recurren a ti para que calmes sus temores después de una pesadilla o durante una tormenta eléctrica. Se despiertan, gritan y saltan de la cama. Salen corriendo de su habitación, entran a tu dormitorio y se suben a tu cama, porque necesitan que alguien esté con ellos.

Abrazarlos no detiene la lluvia, los truenos ni los rayos, pero cambia su manera de hacerles frente. Pueden dormirse en tus brazos. El miedo que los invadió cuando estaban solos, se calma cuando mamá o papá los abrazan. Tú los ayudas a enfrentar sus temores en medio de sus desvelos.

Esto es exactamente lo que tu Padre celestial hace por ti cuando enfrentas tus propios temores y preocupaciones. Dios no puede evitar que la lluvia caiga sobre ti, pero te da la cobertura que necesitas para evitar que te empapes. Acude a Dios con tus preocupaciones y permite que Él te brinde la seguridad que necesitas, tanto interna como externa.

Dios misericordioso, la seguridad es un regalo de tu Espíritu, que me das cuando pongo mi esperanza y mi fe en ti. Dijiste que solo necesito tener fe del tamaño de una semilla de mostaza, así que ahora te pido que me des la convicción de que puedo controlar este comportamiento adictivo con tu fortaleza y que sin duda lo lograré. Dame una profunda certeza y paz de que está hecho. En el nombre de Jesús, amén.

Verdades bíblicas

Y sabemos que a los que aman a Dios, todas las cosas les ayudan a bien, esto es, a los que conforme a su propósito son llamados (Ro. 8:28).

Es, pues, la fe la certeza de lo que se espera, la convicción de lo que no se ve (He. 11:1).

No te impacientes a causa de los malignos, ni tengas envidia de los que hacen iniquidad. Porque como hierba serán pronto cortados, y como la hierba verde se secarán. Confía en Jehová, y haz el bien; y habitarás en la tierra, y te apacentarás de la verdad. Deléitate asimismo en Jehová, y él te concederá las peticiones de tu corazón. Encomienda a Jehová tu camino, y confía en él; y él hará (Sal. 37:1-5).

Respondiendo Jesús, le dijo: Marta, Marta, afanada y turbada estás con muchas cosas. Pero sólo una cosa es necesaria; y María ha escogido la buena parte, la cual no le será quitada (Lc. 10:41-42).

No quebrará la caña cascada, ni apagará el pábilo que humeare; por medio de la verdad traerá justicia (Is. 42:3).

Verdades personales

- Estoy seguro en los amorosos brazos de Dios.
- Puedo confiar en Dios.
- Acudo a Dios en mis preocupaciones y temores.
- Sé cómo confiar en Dios.
- Siento la presencia de Dios cuando estoy preocupado, y Él me da paz.
- Estoy conectado a la Fuente de paz y protección.
- Dios me ama.

Área 4

LA AUTOESTIMA

Día 17

ERES VALIOSO PARA DIOS

Se cuenta la historia de un oso que vivía en una jaula de cuatro metros por cuatro metros. Vivió allí durante doce años, así que conocía muy bien esa jaula.

El oso era tan hábil para moverse dentro de su pequeño mundo que podía cerrar los ojos, caminar hasta el fondo de la jaula y detenerse justo antes de llegar al término de la misma. Luego daba la vuelta e iba hacia el otro extremo. Antes de llegar al final, giraba, y lo hacía una y otra vez, sin chocar nunca con la jaula.

Cuando el oso creció, los cuidadores decidieron agrandar su hábitat. Entonces le construyeron una nueva jaula de doce metros por doce metros para que tuviera más espacio. Sin embargo, cuando lo colocaron en la nueva jaula más grande, el oso siguió caminando solo cuatro metros en una dirección y luego en la otra. El problema era que, aunque lo habían trasladado a una nueva jaula, el oso había traído su vieja jaula con él. Seguía controlado por las limitaciones de su antigua vida.

Muchos creyentes viven así la vida cristiana. Viven bajo la limitación de la baja autoestima, pero

Dios dice que nos amó tanto que murió por nosotros. Semejante amor del Dios del universo es tu respuesta a cualquier duda que puedas tener con respecto a tu estima. Eres valioso. Vive en la libertad y el alcance de esa verdad.

Dios misericordioso, gracias porque soy una obra maravillosa de tus manos. Gracias por crearme con un propósito y un destino. Tu amor por mí es más grande que cualquier amor que haya conocido, y quiero vivir y caminar en esa verdad. En el nombre de Jesús, amén.

Verdades bíblicas

Y Jehová respondió a Samuel: No mires a su parecer, ni a lo grande de su estatura, porque yo lo desecho; porque Jehová no mira lo que mira el hombre; pues el hombre mira lo que está delante de sus ojos, pero Jehová mira el corazón (1 S. 16:7).

Toda tú eres hermosa, amiga mía, y en ti no hay mancha (Cnt. 4:7).

Te alabaré; porque formidables, maravillosas son tus obras; estoy maravillado, y mi alma lo sabe muy bien (Sal. 139:14).

Mirad cuál amor nos ha dado el Padre, para que seamos llamados hijos de Dios; por esto el mundo no nos conoce, porque no le conoció a él (1 Jn. 3:1).

Jehová está en medio de ti, poderoso, él salvará; se gozará sobre ti con alegría, callará de amor, se regocijará sobre ti con cánticos (Sof. 3:17).

Verdades personales

- Soy muy valioso.
- Soy muy preciado.
- Dios me ama.
- El amor de Dios me trae la calma.
- Dios se goza sobre mí.
- Dios se deleita por completo en mí.
- Soy una obra maestra de Dios.

Día 18

Eres una obra maestra de Dios

El gran pintor y escultor Miguel Ángel encontró un bloque de mármol. Miró ese bloque cuadrado y vio como que dentro de él había un ángel que esperaba salir. Y comenzó su proceso de cincelado.

De la misma manera, Dios trabaja en nosotros. Somos hechura suya.

Eres la obra de sus manos y una obra maestra. Las cosas pueden no ser perfectas en tu vida en este momento, pero la vida es un proceso. Dios te ama tanto, que no ha perdido la esperanza contigo. De modo que seguirá cincelando y tallando lo que no debe estar en tu vida, y cuando te revele quién realmente eres en Él, te sorprenderás. No te resistas al proceso de crecimiento personal y espiritual. Tu vida es digna de la obra de Dios en ti.

Dios misericordioso, incluso antes de que me crearas sabías para qué me estabas creando. Tienes un propósito y un plan para mi vida, que será para mi bien y el bien de otros, y glorificará tu nombre. Quiero vivir ese propósito, por eso te pido que me des poder para controlar este comportamiento adictivo y cualquier otra cosa que me impida usar al máximo mi potencial en Cristo. En el nombre de Jesús, amén.

Verdades bíblicas

Mi embrión vieron tus ojos, y en tu libro estaban escritas todas aquellas cosas que fueron luego formadas, sin faltar una de ellas (Sal. 139:16).

Mas vosotros sois linaje escogido, real sacerdocio, nación santa, pueblo adquirido por Dios, para que anunciéis las virtudes de aquel que os llamó de las tinieblas a su luz admirable (1 P. 2:9).

Sabiendo que fuisteis rescatados de vuestra vana manera de vivir, la cual recibisteis de vuestros padres, no con cosas corruptibles, como oro o plata, sino con la sangre preciosa de Cristo, como de un cordero sin mancha y sin contaminación (1 P. 1:18-19).

Y creó Dios al hombre a su imagen, a imagen de Dios lo creó; varón y hembra los creó (Gn. 1:27).

El espíritu de Dios me hizo, y el soplo del Omnipotente me dio vida (Job 33:4).

Verdades personales

- El Espíritu de Dios me hizo.
- Soy una obra maestra.
- No dependo de ninguna actividad para poder controlar mi comportamiento adictivo.

- Puedo controlar cualquier comportamiento adictivo.
- Estoy hecho a la imagen perfecta de Dios.
- Mi vida es digna de la obra de perfeccionamiento de Dios.
- Soy linaje escogido.

Día 19

Dios te hizo con un propósito

Ayer vimos una verdad importante en Efesios 2:10, donde leemos: "Porque somos hechura suya, creados en Cristo Jesús para buenas obras, las cuales Dios preparó de antemano para que anduviésemos en ellas".

El término griego traducido como "hechura" en este versículo es *poíema,* de donde también obtenemos la palabra castellana "poema". Este término se refiere a una obra de arte o una obra maestra. Tú eres una obra de Dios. Eres su *poíema.*

No eres el resultado de una fabricación en cadena o de un objeto al azar formado para ocupar tiempo o espacio. Cuando Dios te hizo, se puso a trabajar de manera intencional y delicada en la elaboración de tu personalidad, tu apariencia, tus pasiones, tus habilidades —incluso tus imperfecciones— como una magnífica obra de arte. Implantó tus sueños en ti y visualizó su propio sueño para ti.

Tú eres su obra maestra. Eres el sueño de Dios. Por lo tanto, te ha hecho con un propósito. Y ese propósito incluye autoridad. Incluye ejercer dominio. Incluye más que mostrar tus talentos. Implica ejercer una influencia positiva y gobernar en la esfera donde Dios te ha colocado.

Dios misericordioso, mi vida es tu templo. Mi cuerpo y mi mente albergan tu Espíritu. Me has hecho a tu propia imagen. Tú eres completo y perfecto, y habitas en mí. Me has bendecido con el honor de testificar de ti y de tu amor a quienes me rodean. Debido a tu perfección, que vive en mí, estoy venciendo este comportamiento adictivo, y te doy gracias porque ya no tiene poder sobre mí. En el nombre de Jesús, amén.

Verdades bíblicas

Como el padre se compadece de los hijos, se compadece Jehová de los que le temen (Sal. 103:13).

Porque a mis ojos fuiste de gran estima, fuiste honorable, y yo te amé; daré, pues, hombres por ti, y naciones por tu vida (Is. 43:4).

¿No sabéis que sois templo de Dios, y que el Espíritu de Dios mora en vosotros? (1 Co. 3:16).

Por tanto, nosotros todos, mirando a cara descubierta como en un espejo la gloria del Señor, somos transformados de gloria en gloria en la misma imagen, como por el Espíritu del Señor (2 Co. 3:18).

Pero Dios, que es rico en misericordia, por su gran amor con que nos amó, aun estando nosotros muertos en pecados, nos dio vida juntamente con Cristo (Ef. 2:4-5).

Verdades bíblicas

- Tengo un propósito grandioso.
- Soy una obra de Dios.
- Dios tiene un sueño para mí, y quiere que lo cumpla.
- Estoy siendo transformado a semejanza de Dios.
- Puedo superar mi comportamiento adictivo.
- Dios me ama en gran manera.
- Soy precioso a los ojos de Dios.

Área 5

LA ESPERANZA

Día 20

Eres un vencedor a través de Cristo

Muchos de nosotros las hacemos, y la mayoría de nosotros las incumplimos. Se trata de nuestras resoluciones de Año Nuevo, que pueden incluir ser una mejor persona, comer más saludable, cambiar un comportamiento adictivo, memorizar las Escrituras, ver menos fútbol... la lista es casi interminable.

La definición más simple de una resolución es: "la decisión firme de hacer algo; un decreto o promesa".

Las resoluciones a menudo resuenan con determinación y traen la esperanza de nuevos comienzos. Para el mes de mayo, la mayoría de ellas solo nos recuerdan que no logramos nuestro objetivo. Para el mes de diciembre, la mayoría de nosotros ha olvidado incluso lo que habíamos decidido hacer. Sin embargo, no importa si te has unido a las millones de personas que hacen resoluciones de Año Nuevo cada año, quiero recordarte que hay Uno que ha cumplido todas las resoluciones que ha hecho. Cumple sus promesas. Cumple su palabra.

Y aunque no puedas perseverar en el gimnasio, controlar ese comportamiento adictivo en el primer intento o morderte la lengua en vez de responder mal a los demás, Él es capaz de hacer mucho más abundantemente de todo lo que puedas imaginar. ¡Y ha resuelto que tiene un plan grandioso para ti! Jeremías 29:11 (NTV) dice: "Pues yo sé los planes que tengo para ustedes —dice el Señor—. Son planes para lo bueno y no para lo malo, para darles un futuro y una esperanza". Fija tus ojos y tu esperanza en la fidelidad inmutable de Dios, que ha prometido que el bien y la misericordia seguirán a quienes le obedecen (Sal. 23:6).

Entiendo lo fácil que es sentirse abrumado por algo que parece insuperable. Puedes sentir que no hay esperanza para ti, pero si mantienes tus ojos fijos en el Señor —no en tu comportamiento adictivo—, verás que Aquel que comenzó la buena obra en ti también la completará.

Dios misericordioso, la esperanza viene de poner mi confianza en ti. Te doy gracias por la esperanza que me estás dando para controlar este comportamiento adictivo. Cada nuevo éxito me brinda una nueva esperanza de que estoy mucho más cerca de la victoria total. Puedo confiar en la esperanza que pongo en ti, porque tu Palabra me dice que eres digno de confianza. Gracias por mostrarme que ya no soy una víctima de la adicción, sino un vencedor a través de Cristo. En su nombre, amén.

Verdades bíblicas

Muchos son los que dicen de mí: No hay para él salvación en Dios. Mas tú, Jehová, eres escudo alrededor de mí; mi gloria, y el que levanta mi cabeza. Con mi voz clamé a Jehová, y él me respondió desde su monte santo. Yo me acosté y dormí, y desperté, porque Jehová me sustentaba (Sal. 3:2-5).

Por esto orará a ti todo santo en el tiempo en que puedas ser hallado; ciertamente en la inundación de muchas aguas no llegarán éstas a él (Sal. 32:6).

Y Josué les dijo: No temáis, ni os atemoricéis; sed fuertes y valientes, porque así hará Jehová a todos vuestros enemigos contra los cuales peleáis (Jos. 10:25).

Cuando Jesús lo vio acostado, y supo que llevaba ya mucho tiempo así, le dijo: ¿Quieres ser sano? (Jn. 5:6).

Se complace Jehová en los que le temen, y en los que esperan en su misericordia (Sal. 147:11).

Verdades personales

- Recibo el favor de Dios cuando tengo temor de Él.
- Puedo esperar en la misericordia de Dios.
- Soy fuerte y valiente.
- Tengo un futuro lleno de esperanza.

- Espero en Dios, que es digno de mi esperanza.
- Tengo un escudo alrededor de mis emociones; es Dios mismo.
- Dios me sustenta.

Día 21

Pon tu mirada en la promesa

Dios es tan excelente como Dios que ni siquiera necesita materia prima para trabajar. Dios puede llamar "las cosas que no son, como si fuesen" (Ro. 4:17). Puede dar vida a cosas muertas. De hecho, Dios es experto en resucitar aquello que parece no tener vida. Esta es una buena noticia, porque si has tenido problemas con un comportamiento adictivo, es probable que eso haya afectado tus relaciones, tu cuerpo, tu trabajo y, especialmente, tu esperanza. Sin embargo, Dios puede crear algo de la nada.

Nunca mires lo que puedes ver a simple vista. Jamás mires solo los hechos. Confía en Dios. Haz lo que hizo Abraham: creer contra toda esperanza. En el versículo 18 de Romanos 4 leemos: "Él creyó en *esperanza contra esperanza*, para llegar a ser padre de muchas gentes". ¿No parece una contradicción, creer contra toda esperanza? Era una esperanza contra viento y marea. Eso significa que Abraham creyó cuando no había ninguna esperanza. Abraham creyó aunque no veía motivos para tener esperanza. Abraham tuvo esperanza en medio de una situación desesperante.

Pablo quiere que entendamos claramente que Abraham no solo enfrentó con Sara una situación difícil, fue mucho peor que eso. Abraham creyó contra toda esperanza. Y, debido a esa esperanza, Abraham dio un paso de fe: tomó medidas basadas en esa esperanza. A pesar de su edad, tuvo intimidad con su esposa y, como resultado, Dios les concedió un hijo. Las Escrituras dicen que cuando Abraham le dio gloria a Dios (v. 20) en medio de su problema, también hizo lo que tenía que hacer. Nueve meses después nació el bebé Isaac.

La respuesta de Abraham debe ser también la tuya. Nunca permitas que tu problema dicte tus acciones. En cambio, actúa con tu mirada puesta en la promesa. Y nueve meses después —o el tiempo que sea— podrás testificar de lo que Dios ha hecho en ti y a través de ti.

Dios misericordioso, mientras espero que te muevas y trabajes en mi vida, tú prometes darme nuevas fuerzas. Gracias por estas nuevas fuerzas, que me permiten vivir de día en día. No necesito preocuparme por las dificultades que enfrentaré en el futuro, porque mi victoria es presente. Tú estás conmigo en cada momento, y eres suficiente para cada día. En el nombre de Jesucristo, amén.

Verdades bíblicas

La esperanza que se demora es tormento del corazón; pero árbol de vida es el deseo cumplido (Pr. 13:12).

Gozosos en la esperanza; sufridos en la tribulación; constantes en la oración (Ro. 12:12).

Y el Dios de esperanza os llene de todo gozo y paz en el creer, para que abundéis en esperanza por el poder del Espíritu Santo (Ro. 15:13).

Porque yo sé los pensamientos que tengo acerca de vosotros, dice Jehová, pensamientos de paz, y no de mal, para daros el fin que esperáis (Jer. 29:11).

Pero los que esperan a Jehová tendrán nuevas fuerzas; levantarán alas como las águilas; correrán, y no se cansarán; caminarán, y no se fatigarán (Is. 40:31).

Verdades personales

- Cuando espero en Dios, recibo nuevas fuerzas.
- No me cansaré, porque mi fuerza proviene de esperar en Dios.
- Tengo esperanza.
- Sé que mi futuro está lleno de cosas buenas.
- Estoy agradecido por el día de hoy.
- Sé que Dios tiene buenos planes para que experimente y viva.
- Tengo esperanza de un día mejor.

Día 22

Nunca es demasiado tarde

Durante los últimos 30 años, uno de los aspectos más destacados de mi ministerio ha sido servir como capellán de los Dallas Mavericks de la NBA. Si alguna vez has estado en un juego profesional de baloncesto, sabes que cada minuto está colmado de actividad. Los equipos luchan por el premio final de proclamarse como los ganadores de la noche. Los jugadores corren, amagan, bloquean y tiran en un esfuerzo por encestar un balón redondo en un aro redondo tantas veces como sea posible.

Uno de los elementos del juego del baloncesto que lo hace tan intrigante es el rebote. El rebote ocurre cada vez que alguien falla un tiro o tiro libre. En el caso de un rebote ofensivo, un jugador en la ofensiva agarra el balón después que rebota en el aro, y el equipo de ese jugador hace otro intento de anotar. En lugar de permitir un cambio de posesión, un rebote ofensivo mantiene el control del balón por parte del equipo, lo que les da otra oportunidad de anotar.

Si el baloncesto no tuviera la opción del rebote,

el juego sería mucho más lento. La presión debajo de la canasta casi no existiría y los tiros perdidos serían aún más dolorosos. Básicamente, el rebote ofensivo le da al equipo del lanzador la oportunidad de convertir una mala situación en algo bueno. Les da la oportunidad de hacer que una multitud silenciosa vuelva a ponerse de pie.

Lo que hace un rebote en el juego del baloncesto, Dios lo hace en el juego de la vida al darnos otra oportunidad después de un intento fallido. Un rebote en baloncesto es como un "inténtalo otra vez" en la vida real. Nos recuerda que nunca es demasiado tarde para volver a intentarlo.

No es demasiado tarde para que superes tu comportamiento adictivo y disfrutes de la vida plena y abundante que Jesús vino a dar.

Dios misericordioso, todo es posible cuando creo. Eso incluye ya no estar atado a este comportamiento adictivo. Por eso te doy gracias y te alabo por hacerme libre de lo que solía dominarme. Eres una torre fuerte y en ti encuentro todo lo que necesito para sobrellevar la pérdida, el dolor y la desilusión. Gracias, Dios, por ser una ayuda constante en tiempos de dificultades. En el nombre de Jesús, amén.

Verdades bíblicas

Y ahora, Señor, ¿qué esperaré? Mi esperanza está en ti (Sal. 39:7).

Jesús le dijo: Si puedes creer, al que cree todo le es posible (Mr. 9:23).

Porque ciertamente hay fin, y tu esperanza no será cortada (Pr. 23:18).

Pero si esperamos lo que no vemos, con paciencia lo aguardamos (Ro. 8:25).

Bendito el varón que confía en Jehová, y cuya confianza es Jehová (Jer. 17:7).

Verdades personales

- Espero con un corazón lleno de gratitud y paciencia.
- Soy bendito en Dios.
- Siento el amor de Dios en todo momento del día.
- Veo obrar para mi bien la mano de Dios en mi vida.
- Decido esperar.
- Espero con paciencia.
- Sé que Dios es digno de confianza.

Área 6

LA ENVIDIA

Día 23

DESECHA LA ENVIDIA

La envidia es un sentimiento de inquietud enraizado en pensamientos de rivalidad, insuficiencia o posibilidad de pérdida. También se puede combinar con otras emociones: resentimiento hacia los demás, descontento consigo mismo, etc.

La raíz de toda envidia es el orgullo y el egoísmo. Es lo opuesto a la mentalidad que Dios quiere que tengamos: un espíritu de humildad y amor mutuo. Por eso la envidia es un pecado tan peligroso. Puede estancar tu crecimiento como creyente e impedirte vivir y cumplir al máximo tu destino.

¿Cómo tratar con la envidia? Gálatas 5:26 dice: "No nos hagamos vanagloriosos, irritándonos unos a otros, envidiándonos unos a otros". Es un recordatorio de la necesidad de no jactarnos ni provocarnos unos a otros. La manera de empezar a tratar con la envidia es mirar nuestro corazón y hacer una verdadera evaluación de quiénes somos. Somos santos, pero aun en nuestros mejores días podemos pecar. Todo lo bueno que tú y yo hemos recibido ha sido un regalo de la gracia de Dios, y solo de eso podemos jactarnos.

Dios misericordioso, tú eres suficiente para suplir todas mis necesidades. Perdóname cuando tengo envidia de otros y de lo que poseen, en lugar de estar agradecido por lo que me has dado. Gracias por recordarme que tú eres mi fuente y que, si necesito algo, ya sea material o inmaterial, solo tengo que pedírtelo con fe y creer que suplirás todas mis necesidades. En el nombre de Jesús, amén.

Verdades bíblicas

Pero si tienen envidias amargas y ambiciones egoístas en el corazón, no encubran la verdad con jactancias y mentiras (Stg. 3:14, NTV).

Pues, donde hay envidias y ambiciones egoístas, también habrá desorden y toda clase de maldad (Stg. 3:16, NTV).

El corazón apacible es vida de la carne; mas la envidia es carcoma de los huesos (Pr. 14:30).

Cruel es la ira, e impetuoso el furor; mas ¿quién podrá sostenerse delante de la envidia? (Pr. 27:4).

Porque aún sois carnales; pues habiendo entre vosotros celos [envidia], contiendas y disensiones, ¿no sois carnales, y andáis como hombres? (1 Co. 3:3).

Verdades personales

- Sé que todas las cosas buenas vienen del cielo.
- Soy salvo gracias a un Dios de amor y misericordia.

- Tengo todo lo que necesito en Cristo.
- Puedo celebrar los logros de otras personas.
- Dios tiene suficiente amor para todos.
- Me fortalece alentar a otros.
- Soy solo un miembro del cuerpo de Cristo, no el cuerpo entero.

Día 24

ENTREGA A DIOS EL CONTROL DE TU VIDA

Una manera de tratar con la envidia en nuestras vidas es ver lo que Dios dice del orgullo, porque el orgullo es la raíz de la envidia. Dios detesta el orgullo. Dios lo detesta tanto que las Escrituras dicen que incluso odia los ojos orgullosos (Pr. 6:16-17, PDT). El orgullo fue el primer pecado que trastornó la creación de Dios, y provino de un ángel llamado Lucifer.

El orgullo va en contra de todo lo que Dios ha hecho, porque se adjudica el mérito de lo que solo Él puede hacer. Una cosa que Dios nunca comprometerá es su gloria. No compartirá su gloria con sus seres creados, que es exactamente lo que el orgullo quiere. La humildad es el fundamento de todo tu poder como creyente. De hecho, las Escrituras dicen que antes de orar, debemos humillarnos (2 Cr. 7:14). Esto se debe a que la humildad reconoce nuestra total dependencia de Dios.

Para controlar un comportamiento adictivo, descarta toda idea de que puedes hacerlo por tus propios medios. Eres inferior al diablo o sus demonios; pero a través de Cristo puedes hacer todas las cosas.

Humíllate: acude voluntariamente a Él y pídele que tome las riendas de tu corazón, tu alma, tu mente, tus palabras y tus acciones. Entrégale el control a Dios al humillarte, y observa lo que Él hará.

Dios misericordioso, la paz en mi corazón da vida a mi cuerpo, pero la envidia y los celos producen deseos en mí que se manifiestan a través de comportamientos adictivos. Te doy gracias porque estás reemplazando la envidia y los celos que hay en mí por satisfacción, contentamiento y paz. Bendigo tu nombre, porque tú eres la Fuente de mi vida. En el nombre de Jesús, amén.

Verdades bíblicas

No seas vencido de lo malo, sino vence con el bien el mal (Ro. 12:21).

El odio despierta rencillas; pero el amor cubrirá todas las faltas (Pr. 10:12).

No codiciarás la casa de tu prójimo, no codiciarás la mujer de tu prójimo, ni su siervo, ni su criada, ni su buey, ni su asno, ni cosa alguna de tu prójimo (Éx. 20:17).

No te impacientes a causa de los malignos, ni tengas envidia de los que hacen iniquidad. Porque como hierba serán pronto cortados, y como la hierba verde se secarán (Sal. 37:1-2).

He visto asimismo que todo trabajo y toda excelencia de obras despierta la envidia del hombre contra su prójimo. También esto es vanidad y aflicción de espíritu (Ec. 4:4).

Verdades personales

- Estoy contento con los bienes que poseo.
- Tengo todo lo que necesito hoy.
- Estoy agradecido por los éxitos de mis compañeros de trabajo y mis amigos.
- Me humillo ante Dios.
- Reconozco que todas las cosas buenas provienen de Dios.
- Sé que mi poder solo procede de Dios.
- Dependo totalmente de Dios.

Día 25

Sobre todas las cosas guarda tu corazón

Por último, la envidia es un reflejo de la falta de contentamiento en nuestro espíritu y nuestro corazón. Le comunica a Dios: "Lo que me has dado no es suficiente", lo cual es una afirmación bastante dura para hacerle a un Dios perfecto. La envidia nos impide asumir la responsabilidad de cualquier carencia que estemos experimentando en nuestra vida y nos impide hacer algo al respecto. En cambio, culpamos a Aquel que jamás tiene la culpa.

Dios promete suplir todas tus necesidades. Promete escuchar y responder las oraciones que haces con fe; pero no promete que tendrá fe por ti. Solo tú puedes decidir si vas a orar y vivir una vida de fe y confianza en Dios.

La próxima vez que te sientas tentado a tener envidia de alguien, ora para contrarrestar ese sentimiento. Pídele a Dios que te muestre —de una manera que realmente sientas y percibas— que Él te ama y que eres especial para Él y también para los demás. Haz esta oración con fe, y Él lo hará. La vida no debe vivirse en un plano competitivo. Hay más que suficiente amor, paz y gozo para todos.

Por lo tanto, celebra los éxitos de aquellos que te rodean y busca a Dios para que confirme en ti quién eres en Él.

Dios misericordioso, el amor es puro y apacible. Cuando estoy celoso por el afecto de alguien o tengo envidia de la atención que alguien está recibiendo, no estoy viviendo en amor. Señor, comprendo que esto solo conduce a una carencia y pérdida en mi vida y no a tu gracia y paz. Por eso, en el nombre de Jesucristo, reprendo estas emociones y recibo un corazón de amor, que procede de ti y refleja tu carácter. En el nombre de Jesús, amén.

Verdades bíblicas

Así que, cada uno someta a prueba su propia obra, y entonces tendrá motivo de gloriarse sólo respecto de sí mismo, y no en otro (Gá. 6:4).

Él [un siervo] le dijo [al hermano mayor]: Tu hermano ha venido; y tu padre ha hecho matar el becerro gordo, por haberle recibido bueno y sano. Entonces se enojó, y no quería entrar. Salió por tanto su padre, y le rogaba que entrase. Mas él, respondiendo, dijo al padre: He aquí, tantos años te sirvo, no habiéndote desobedecido jamás, y nunca me has dado ni un cabrito para gozarme con mis amigos. Pero cuando vino este tu hijo, que ha consumido tus bienes con rameras, has hecho matar para él el becerro gordo (Lc. 15:27-30).

[El amor] no hace nada indebido, no busca lo suyo, no se irrita, no guarda rencor (1 Co. 13:5).

Sean vuestras costumbres sin avaricia, contentos con lo que tenéis ahora; porque él dijo: No te desampararé, ni te dejaré (He. 13:5).

Sobre toda cosa guardada, guarda tu corazón; porque de él mana la vida (Pr. 4:23).

Verdades personales

- Cuido mi corazón y mis palabras.
- Estoy contento con lo que tengo.
- Sé que Dios nunca me dejará ni me desamparará.
- Celebro los éxitos de otros.
- Me alegro cuando los demás son felices.
- No busco mi propio reconocimiento.
- Perdono fácilmente a otros.

Área 7

EL CONTENTAMIENTO

Día 26

Adora a Dios

El contentamiento nos fluye naturalmente cuando la vida transcurre sin problemas. Sin embargo, la mayoría de las personas no lucha con un comportamiento adictivo, porque carece de problemas. La mayoría de los comportamientos adictivos procede de un corazón de dolor, pérdida o carencia. Sin embargo, la Biblia habla mucho sobre cómo contentarnos incluso frente a una gran pérdida y aflicción.

Job nos muestra un gran ejemplo de contentamiento. Aquí había un hombre cuya vida se había desmoronado. En medio de la pérdida de sus hijos y sus propiedades, "Job se levantó, y rasgó su manto, y rasuró su cabeza, y se postró en tierra y adoró" (Job 1:20). Confesó que todo lo que tenía era de Dios, de modo que Él tenía el derecho de quitárselo y Job terminó declarando: "Desnudo salí del vientre de mi madre, y desnudo volveré allá. Jehová dio, y Jehová quitó; sea el nombre de Jehová bendito" (v. 21).

Job supo a quién recurrir cuando toda su vida se estaba derrumbando, y el Señor lo sostuvo. Sin embargo, si Job no hubiera experimentado una relación íntima con Dios y no hubiera confiado en Él, no habría podido superar su terrible experiencia. Hasta su esposa le aconsejó maldecir a Dios y terminar con todo el sufrimiento (2:9).

Cuando decides adorar a Dios en momentos de extrema aflicción —y eso podría significar simplemente hacer una oración que reconozca su autoridad y soberanía—, estás llevando tu problema a Dios y estás reemplazando tu preocupación por contentamiento. De esta manera, inicias el proceso de reemplazar tus pensamientos negativos (que de otro modo te traerían destrucción) por pensamientos positivos y motivadores, que te infunden vida. La adoración te da paz y contentamiento en los momentos difíciles.

En un huracán, los vientos fuertes están a todo alrededor. Sin embargo, siempre hay un lugar tranquilo, que se encuentra en el ojo del huracán. Cuando Jesucristo es el ojo de tu tormenta, puedes tener paz en medio de la adversidad.

Dios misericordioso, gracias por todo lo que me has dado. Gracias por despertarme esta mañana. Gracias por darme un lugar para descansar. Gracias por darme alimentos y aire para respirar. Gracias por la capacidad de leer y pensar. Y gracias porque en ti ya no me siento vencido por ningún comportamiento adictivo. En el nombre de Jesús, amén.

Verdades bíblicas

No lo digo porque tenga escasez, pues he aprendido a contentarme, cualquiera que sea mi situación. Sé vivir humildemente, y sé tener abundancia; en todo y por todo estoy enseñado, así para estar saciado como para tener hambre, así para tener abundancia como para padecer necesidad (Fil. 4:11-12).

Pero gran ganancia es la piedad acompañada de contentamiento; porque nada hemos traído a este mundo, y sin duda nada podremos sacar. Así que, teniendo sustento y abrigo, estemos contentos con esto (1 Ti. 6:6-8).

Mas buscad primeramente el reino de Dios y su justicia, y todas estas cosas os serán añadidas (Mt. 6:33).

Mirad, y guardaos de toda avaricia; porque la vida del hombre no consiste en la abundancia de los bienes que posee (Lc. 12:15).

Mi Dios, pues, suplirá todo lo que os falta conforme a sus riquezas en gloria en Cristo Jesús (Fil. 4:19).

Verdades personales

- Estoy contento con mi vida.
- Busco a Dios primero en todo lo que hago.
- Mi vida consiste en tener paz y contentamiento.
- Sé que Dios suple todas mis necesidades.
- Tengo todo lo que necesito en este momento.
- Tengo acceso a Dios y su provisión.
- Estoy agradecido por la provisión de Dios.

Día 27

Practica la gratitud

La falta de contentamiento no es nada nuevo. De hecho, Pablo habló claramente sobre esto en las Escrituras. Se refirió al arte de estar satisfecho o contento como un "secreto", como si muchas personas no supieran cómo se logra. Leemos: "No que haya pasado necesidad alguna vez, porque he aprendido a estar contento con lo que tengo. Sé vivir con casi nada o con todo lo necesario. He aprendido el secreto de vivir en cualquier situación, sea con el estómago lleno o vacío, con mucho o con poco" (Fil. 4:11-12, NTV).

Para Pablo, estar contento es tener los recursos disponibles para enfrentar cualquier situación. En otras palabras, tener suficiente para tus necesidades en todo momento, ya sea que lo suficiente sea mucho o poco.

Estar contento significa mantener la calma y estar agradecido por cualquier situación en la que te encuentres. Siempre se ve el nivel de contentamiento por cuánto te quejas y cuánto estás agradecido. Si las quejas te dominan, no tienes contentamiento. Si en tu vida predomina la gratitud, hay contentamiento en ti. Haz el esfuerzo intencional hoy y esta semana de observar cuántas quejas llenan tus pensamientos y tus palabras. Eso te mostrará lo contento que realmente estás.

Si aprendes y practicas el secreto de Pablo, obtendrás lo que necesitas para controlar cualquier comportamiento adictivo. La vida tiene sus fluctuaciones. Algunas veces estarás alegre, y otras veces estarás triste. A veces las cosas seguirán su camino, y otras veces no. Deja que el secreto del contentamiento de Pablo sea tu pensamiento predominante, expresado en gratitud, y la obsesión por tu comportamiento adictivo disminuirá con el tiempo.

Dios misericordioso, te pido la gracia de la felicidad en mi vida. Te pido que me recuerdes todo aquello por lo que debo estar agradecido. Te pido que, cada mañana al despertarme, tu Espíritu me impulse a agradecerte por algo, cualquier cosa. Al enfocarme en aquello por lo que estoy agradecido, la obsesión por lo que me falta disminuirá, y confiaré en que estoy recibiendo todo lo que necesito para controlar todos mis comportamientos adictivos. En el nombre de Jesús, amén.

Verdades bíblicas

Pero cada uno como el Señor le repartió, y como Dios llamó a cada uno, así haga; esto ordeno en todas las iglesias (1 Co. 7:17).

Tú guardarás en completa paz a aquel cuyo pensamiento en ti persevera; porque en ti ha confiado (Is. 26:3).

Por lo cual, por amor a Cristo me gozo en las debilidades, en afrentas, en necesidades, en persecuciones, en angustias; porque cuando soy débil, entonces soy fuerte (2 Co. 12:10).

Confía en Jehová, y haz el bien; y habitarás en la tierra, y te apacentarás de la verdad. Deléitate asimismo en Jehová, y él te concederá las peticiones de tu corazón. Encomienda a Jehová tu camino, y confía en él; y él hará (Sal. 37:3-5).

No os hagáis tesoros en la tierra, donde la polilla y el orín corrompen, y donde ladrones minan y hurtan; sino haceos tesoros en el cielo, donde ni la polilla ni el orín corrompen, y donde ladrones no minan ni hurtan. Porque donde esté vuestro tesoro, allí estará también vuestro corazón (Mt. 6:19-21).

Verdades personales

- Sé que Dios me concederá los deseos de mi corazón cuando encomiende a Él mis caminos.
- Creo en Dios.
- Mis tesoros están acumulados en el cielo, y mi recompensa es grandiosa.
- En mi debilidad, encuentro gran fortaleza en Cristo.
- No estoy solo.
- Me deleito en Dios.
- Encomiendo mis caminos a Dios.

Día 28

Busca tu contentamiento en Dios

La palabra griega traducida como "bendito", *makarios*, alguna vez fue el nombre de una isla de Grecia: la isla de Makarios. Se la conocía como la isla bendita porque era autónoma. Los residentes no necesitaban salir de la isla para satisfacer sus necesidades. La isla ofrecía todo lo que necesitaban. Los recursos naturales de la bendita isla eran tan copiosos, ricos, fructíferos y productivos, que tenían todo lo que necesitaban para disfrutar de sus vidas. Los habitantes de la isla eran autosuficientes y autónomos y no necesitaban ir a otra isla para satisfacer sus necesidades. La isla bendita les proporcionaba todo lo que necesitaban.

Cada comportamiento adictivo que promete satisfacerte está fuera de ti. Cualquiera que sea la sustancia o la actividad, está fuera de tu espíritu: tu alma, que es la verdadera esencia de quién eres. Cuando experimentas la verdadera bendición, te sientes bien en la isla con Dios. El simple hecho de estar en el reino con el Rey te coloca en un lugar bendito donde puedes tener contentamiento.

Sabes que *no estás* contento (en el sentido bíblico de la palabra) cuando sientes la necesidad de irte del lugar bendito de la presencia y la provisión de Dios en tu vida para satisfacer algo en ti. Cuando necesitas más que tu relación con Dios para tener paz. Cuando anhelas más que tu comunión con el Padre para tener contentamiento. Las personas contentas hallan su suficiencia en Él. Busca tu contentamiento en Dios, y descubrirás la clave para controlar tus comportamientos adictivos.

Dios misericordioso, al confiar cada día en ti, te pido que me des favor y aumentes mi nivel de confianza y contentamiento. Soy fuerte en ti, y en ti tengo todo lo que necesito para controlar cada comportamiento adictivo. Gracias por esta verdad. En el nombre de Jesús, amén.

Verdades bíblicas

Vanidad y palabra mentirosa aparta de mí; no me des pobreza ni riquezas; mantenme del pan necesario; no sea que me sacie, y te niegue, y diga: ¿Quién es Jehová? O que siendo pobre, hurte, y blasfeme el nombre de mi Dios (Pr. 30:8-9).

El altivo de ánimo suscita contiendas; mas el que confía en Jehová prosperará (Pr. 28:25).

Raíz de todos los males es el amor al dinero, el cual codiciando algunos, se extraviaron de la fe, y fueron traspasados de muchos dolores. Mas tú, oh hombre de Dios, huye de estas cosas, y sigue la justicia, la piedad, la fe, el amor, la paciencia, la mansedumbre (1 Ti. 6:10-11).

Mejor es lo poco con justicia que la muchedumbre de frutos sin derecho (Pr. 16:8).

Me mostrarás la senda de la vida; en tu presencia hay plenitud de gozo; delicias a tu diestra para siempre (Sal. 16:11).

Verdades personales

- Dios me bendijo con toda bendición espiritual en los lugares celestiales en Cristo.
- Dios me muestra el camino de la vida.
- Encuentro plenitud de gozo en la presencia de Dios.
- Busco la fe, el amor y la mansedumbre.
- Tengo el control de mis pensamientos.
- Decido confiar en Dios.
- Estoy agradecido por la presencia y la provisión de Dios.

Área 8

LA FE

Día 29

DA UN PASO DE FE

Un hombre se cayó por el borde de un acantilado, pero en el último segundo pudo agarrarse de una rama. Mientras colgaba sobre el precipicio, a varios metros del suelo, gritaba:

—¡Ayúdenme! ¡Alguien que me ayude!

—¿Crees que puedo ayudarte? —salió una voz del cielo.

—¡Sí, lo creo! ¡Por favor, ayúdame! —respondió el hombre.

—¿Crees que tengo poder para ayudarte? —se escuchó otra vez la voz del cielo.

—¡Sí, creo! ¡Creo! ¡Por favor, ayúdame! —suplicó el hombre.

—¿Crees que te amo lo suficiente como para ayudarte?

—¡Sí, sé que me amas! Por favor, ay por favor, ¡AYÚDAME!

—Ya que crees, te ayudaré. Ahora suéltate.

Después de un breve silencio, el hombre gritó:

—¿Hay alguien más allí arriba?

La fe puede sentirse así a veces, ¿verdad? Soltar tu comportamiento adictivo puede ser como abandonar precisamente lo que te ayuda a resistir y a sobrellevar cada día, aquello que te sostiene. Sin embargo, Dios quiere que tengas fe en Él, por eso te pide que abandones lo que más necesitas como la fuente de tu vida. Te pide que confíes en Él antes de poder ver de qué manera te librará.

Da un paso de fe y deja tu comportamiento adictivo, que no te está sosteniendo realmente. Por el contrario, te está hundiendo. Dios te sustentará cuando te sueltes de tu adicción y permitas que Él sea la Fuente de tu vida. Él está allí. La fe finalmente te permitirá ver.

Dios misericordioso, por la fe tengo poder para superar mi comportamiento adictivo. Hoy decido no dudar de que puedo vencer si pongo toda mi fe en ti. En ti puedo hacer cualquier cosa. Confío que tú me darás la fuerza que necesito para tomar decisiones sabias con mi tiempo, mis pensamientos y mi cuerpo. En el nombre de Jesús, amén.

Verdades bíblicas

Jesús les dijo: Por vuestra poca fe; porque de cierto os digo, que si tuviereis fe como un grano de mostaza, diréis a este monte: Pásate de aquí allá, y se pasará; y nada os será imposible (Mt. 17:20).

Respondiendo Jesús, les dijo: De cierto os digo, que si tuviereis fe, y no dudareis, no sólo haréis esto de la higuera, sino que si a este monte dijereis: Quítate y échate en el mar, será hecho (Mt. 21:21).

Al momento Jesús, extendiendo la mano, asió de él,

y le dijo: ¡Hombre de poca fe! ¿Por qué dudaste? (Mt. 14:31).

Entonces respondiendo Jesús, dijo: Oh mujer, grande es tu fe; hágase contigo como quieres. Y su hija fue sanada desde aquella hora (Mt. 15:28).

Y sucedió que le trajeron un paralítico, tendido sobre una cama; y al ver Jesús la fe de ellos, dijo al paralítico: Ten ánimo, hijo; tus pecados te son perdonados (Mt. 9:2).

Verdades personales

- Grande es mi fe.
- Mi fe tiene el poder de superar cualquier obstáculo.
- El amor de Cristo por mí es real.
- No dudo del poder de Dios en mi vida.
- Mis pecados han sido perdonados.
- Estoy completo y soy perfecto en Cristo.
- Soy muy preciado para Dios.

Día 30

ENFRENTA CADA MOMENTO POR FE, NO POR VISTA

Una diferencia entre Dios y nosotros es que tenemos diferentes perspectivas de las cosas.

Considera un desfile. Vemos un desfile de manera progresiva. Vemos pasar una banda después de otra. Vemos desfilar las carrozas una a una.

Dios ve todo el desfile. No tiene que esperar que cada banda doble la esquina. Ve todo el desfile a la vez, de principio a fin. Observa todo el conjunto. Por eso, "sin fe es imposible agradar a Dios" (He. 11:6).

Necesitas creer que Dios ve lo que aún no es visible para ti. Debes creer que Él conoce todas las cosas, incluso las que tú no puedes ver porque aún no han doblado la esquina. Necesitas creer que Él tiene un futuro para ti, lleno de propósito y esperanza. Que Él te dará las fuerzas, la determinación y la gracia que necesitas para controlar tu comportamiento adictivo. Y que eres digno de disfrutar una vida mejor de la que puedes estar experimentando en este momento.

La fe es la certeza de lo que se espera. Es posible

que no veas el "cómo" en este momento. Es posible que aún no veas el "por qué"; pero si solo confías en Dios con fe y vives el día de hoy con esa actitud, Él te ayudará a vencer hoy. No mires el mañana, porque "mañana traerá su afán" (Mt. 6:34). Solo concéntrate en vivir este día, este momento. Esa es toda la fe que necesitas, que Dios te ayude a superar este momento. Enfrenta el momento que sigue con esa misma fe, y así sucesivamente.

En fe, superarás tu comportamiento adictivo con victorias a cada momento, que luego serán días, semanas, meses y años.

Dios ve todo el desfile. Tú solo puedes ver lo que tienes en frente.

Dios misericordioso, la fe es la certeza de lo que espero y la convicción de lo que no puedo ver. Necesito caminar por fe y no por vista. Decido no fijarme en mis circunstancias externas o mis emociones internas, sino afirmarme en el poder que viene a través de mi relación permanente con Jesucristo, mi Señor. En el nombre de Jesús, amén.

Verdades bíblicas

Es, pues, la fe la certeza de lo que se espera, la convicción de lo que no se ve (He. 11:1).

Ya destinado desde antes de la fundación del mundo, pero manifestado en los postreros tiempos por amor de vosotros, y mediante el cual creéis en Dios, quien le resucitó de los muertos y le ha dado gloria, para que vuestra fe y esperanza sean en Dios (1 P. 1:20-21).

[...] en la esperanza de la vida eterna, la cual Dios, que no miente, prometió desde antes del principio de los siglos (Tit. 1:2).

Por fe andamos, no por vista (2 Co. 5:7).

Porque todo lo que es nacido de Dios vence al mundo; y esta es la victoria que ha vencido al mundo, nuestra fe (1 Jn. 5:4).

Verdades personales

- Puedo tener la certeza de grandes cosas por la fe en Dios.
- He nacido de Dios y tengo el poder de superar cualquier situación.
- Camino por fe y no por vista.
- Dependo de mi fe en todo sentido.
- La fe me hace fuerte y resiliente en tiempos de adversidad.
- Espero en Dios.
- Sé que Dios es digno de confianza.

EDITORIAL
PORTAVOZ

NUESTRA VISIÓN

Maximizar el efecto de recursos cristianos de calidad que transforman vidas.

NUESTRA MISIÓN

Desarrollar y distribuir productos de calidad —con integridad y excelencia—, desde una perspectiva bíblica y confiable, que animen a las personas a conocer y servir a Jesucristo.

NUESTROS VALORES

Nuestros valores se encuentran fundamentados en la Biblia, fuente de toda verdad para hoy y para siempre. Nosotros ponemos en práctica estas verdades bíblicas como fundamento para las decisiones, normas y productos de nuestra compañía.

Valoramos la excelencia y la calidad.
Valoramos la integridad y la confianza.
Valoramos el mérito y la dignidad de los individuos y las relaciones.
Valoramos el servicio.
Valoramos la administración de los recursos.